CATALOGUE
DU CABINET
DE M. D*** Delorme
AMATEUR.

CONSISTANT, en divers grands Volumes d'Estampes, très-bien conditionnés, dont la Suite du Cabinet du Roi fait partie; & en un très-beau choix d'autres Estampes, tant encadrées qu'en feuilles, de différens Maîtres anciens & modernes.

Dont la vente s'en fera le Lundi 5 Mai 1777, & jours suivans, de relevée, dans une salle des Grands-Augustins.

Par F. BASAN.

Le présent Catalogue se distribue
A PARIS,
Chez le sieur BASAN, rue & Hôtel Serpente.

M. DCC. LXXVII.

LES objets contenus au préſent Catalogue, pourront être vus la veille & le matin du premier jour de la vente, dans la ſalle où elle ſera faite, aux Grands-Auguſtins.

On commencera par les eſtampes en feuilles, & on finira par les eſtampes encadrées & les volumes. La vente durera ſix jours au moins.

CATALOGUE
DU CABINET
DE M. D***.
AMATEUR.

CONSISTANT en divers grands Volumes d'Eſtampes, très-bien conditionnés, dont la Suite du Cabinet du Roi fait partie; & en un très-beau choix d'autres Eſtampes, tant encadrées qu'en feuilles, de différens Maîtres anciens & modernes.

OUVRAGES VOLUMINEUX.

N°. 1 LA grande Galerie de Verſailles, en cinquante-deux morceaux, gravés d'après les peintures de Le Brun, par Cars, & autres célèbres Artiſtes de notre ſiécle, avec les portraits de le Brun & Maſſé: grand in-folio relié en veau écaillé.

2 Le même ouvrage, ſans aucunes des eſtampes ployées, en maroquin rouge à grande dentelle, avec les armes du Roi: grand Atlas oblong.

3 La Galerie du Luxembourg, d'après Rubens, en vingt-cinq morceaux auxquels on a joint quelques épreuves avant la lettre, & les deſſins faits à-peu près de même grandeur que les eſtampes, par une main habile, au crayon rouge: bien conſervé; les épreuves en ſont très-belles. Le tout contenu dans un grand volume in-folio relié en maroquin rouge à grande dentelle, avec les armes du Roi.

4 Une pareille Suite deſdites eſtampes, reliée de même, & dont les épreuves ſont auſſi très-belles.

---

5 La Suite du Cabinet du Roi, compoſée de vingt-un vol. reliés tous en maroquin rouge, très-bien conſervés,

SÇAVOIR,

Le volume d'explication qui ſert pour l'arrangement de cette Suite d'eſtampes.

Un volume, contenant les ſix grandes Batailles d'Alexandre, y compris celle par Picart le Romain: de plus, celle de Conſtantin & ſon Triomphe: celle d'Alexandre, en trois morceaux, d'après Verdier: la Tente de Darius, de Mignard: la grande Bataille de Conſtantin, par Aquila, en quatre morceaux; & auſſi la Bataille ſur le pont de Veniſe.

Un volume, contenant la Suite des tableaux en trente-six morceaux, non ployés : la Sainte Famille y est avec les armes ; toutes les épreuves en sont très-belles.

Un volume des Tapisseries & Conquêtes, par Le Clerc, d'après Le Brun. Il s'y trouve de plus la Réduction de Marsal, & les deux pieces de l'Entrevue & du Mariage de Louis XIV, ainsi que les trente-huit grandes Conquêtes, par Le Clerc & Chatillon ; & à la fin, cinq plans des Villes de Namur, Roses, & Charleroy, dans les mêmes passe-partouts que les précédentes.

Deux volumes, contenant les Conquêtes de Louis XIV, & divers paysages, par Vander-Meulen ; dans le second volume, il se trouve à la fin le grand escalier de Versailles, en sept morceaux ; la Conquête de la Franche-Comté ; le platfond des petits appartements en trois morceaux, d'après Mignard : de plus, une vue intérieure de la Chapelle.

Deux volumes, contenant les vues de Versailles & autres Maisons Royales, par Silvestre, Perelle, &c. de plus différentes statues, par Edelinck, Audran & Le Pautre : vases & bustes : la pierre du Louvre & l'arc de triomphe, par le Clerc : le tout en cent vingt-une estampes.

Un volume. La grotte de Versailles.

Deux volumes du Carousel, en latin & en françois.

Un volume, contenant les soixante-un bustes & statues, par Mellan & Baudet.

Un volume, contenant les plaisirs de l'Isle enchantée, & la fête de Versailles donnée en 1678.

Deux volumes. Description extérieure & intérieure des Invalides, avec explication, & beaucoup de figures, par Cochin & autres.

Un volume des Médailles de la Boissiere.

Un autre gros volume oblong, contenant les plans des Batailles par Chevalier Baulieu.

Deux volumes. Mémoire pour servir à l'Histoire des Animaux, avec figures, par le Clerc. Les épreuves s'y trouvent doubles, c'est-à-dire, avant que les planches aient été rognées, & depuis qu'elles l'ont été: il s'en trouve aussi plusieurs avec d'autres différences, & qui ne sont pas ordinairement dans cet Ouvrage: le premier volume en contient vingt-huit, le deuxiéme quarante-six.

Un volume. Traité de Mathématiques & autres; du Nivellement, &c.

Un volume. Mémoires des plantes, par Dodart, avec figures.

Un vol. in-8°. Labyrinthe, avec figures de le Clerc.

---

84 6 La Bible de Mortier, premiere édition, avec discours allemand, & avant les clous. 2 volumes in-folio, relieure hollandoise en parchemin.

7 Quatre grands volumes in-folio, à dos de veau, contenant plus de mille figures différentes de l'Histoire de l'ancien & nouveau Testament, par Vierix, Krausen, & autres anciens Maîtres.

8 Les Cérémonies religieuses, par B. Picart. 7 vol. in-fol. grand papier: superbes épr. en maroquin rouge & dentelles.

9 Les différentes Eglises du Brabant. in-fol. veau.

10 Recueil de monumens des catastrophes que le globe de la terre a essuyées; contenant des pétrifications & pierres curieuses, dessinées, gravées & enluminées, avec description par Knorr, de Nuremberg. 3 vol. in-fol. maroquin rouge.

11 L'Histoire Naturelle des Oiseaux, &c. par George Edwards, en 7 vol. in-4°. rel. en veau écaillé, dorés sur tranche, avec explications en anglois & françois.

12 Cinq cents vingt-huit Piéces de la suite des Oiseaux colorés de M. de Buffon. grand papier, avec les deux premiers volumes, du discours. Le tout en feuilles.

13 Le Jardin des Hespérides, avec beaucoup de figures; imprimé à Nuremberg, in-fol. veau.

14 Dénombrement des plantes des environs de Paris, avec figures par Aubriet. Amsterdam, 1727, in-fol. veau.

15 Un volume in-folio, veau écaillé, contenant plus de deux cents pieces, d'Oiseaux de Robert, & Fleurs, par Baptiste.

16 Les cent eſtampes qui repréſentent les différents habillements des Nations du Levant, & diverſes cérémonies des Turcs : bien enluminé : in-fol. veau écaillé.

16* La même Suite, non colorée, en vel. vert.

17 Collection amuſante de différentes Vues & Modes de la Turquie, en trente-une planches, très-bien enluminées & reliées en un volume in-folio.

18 La Suite des tableaux du Roi, en trente-huit morceaux, y compris la Transfiguration & le Mariage de Sainte Catherine, du Corrége ; la Nappe, de Maſſon, s'y trouve, ſuperbe épreuve, ainſi que le Déluge : la Sainte Famille, quoiqu'avec les armes effacées, y eſt fort belle : de plus, dans le même volume, les buſtes & ſtatues, en ſoixante-une planches : le tout relié en maroquin rouge à dentelles d'or, avec armes du Roi.

19 Un grand volume in folio à dos de veau, contenant le grand eſcalier de Verſailles, en vingt-quatre morceaux gravés par Surugue ; dans le même volume ſe trouvent les grandes batailles d'Alexandre, avec le triomphe & la bataille de Conſtantin, gravés par Gunſt, en vingt-deux morceaux.

19 * Un vol. in-folio à dos de veau, contenant quatre-vingt plans, vues & ſtatues de Verſailles.

20 Memoire pour ſervir à l'Hiſtoire des animaux, avec figures, par le Clerc, épreuves non tronquées : in-fol. en maroquin rouge, avec armes du Roi.

20 * Un volume in-folio en maroquin rouge. Courses de Bagues faites à la Cour de Louis XIV.

21 Un autre vol. en maroquin: grand plan de Paris de M. Turgot.

22 Un idem en maroquin rouge: plan de plusieurs Bâtimens de mer avec leurs proportions, par Passebon, en dix-huit planches.

23 La grotte de Versailles, avec figures d'Edelinck, &c. in-fol. veau.

24 Histoire des Conquêtes de Louis XV, par Dumortou, avec figures de Benoît, Lempereur, &c. in-fol. maroquin rouge.

24 * Les Ruines de Palmyre, ou Tedmor au désert, en cinquante-sept planches, gravées à Londres, par Major, Muller, &c. avec explication, broché.

25 Un grand volume in-fol. en maroquin à grande dentelle: fêtes de Strasbourg.

26 Un idem, relié en veau: fêtes de Madame Infante.

27 Un idem, en veau: Cabinet d'Aguilles, ancienne édition, en 118 estampes.

28 Un volume in-folio, veau, contenant cinquante-deux grandes pieces, d'après le Poussin & autres.

29 La Suite du Roman comique, par Oudry, en trente-sept morceaux, y compris plusieurs épreuves à l'eau-forte: on y a joint cinq des dessins de la même Suite. in-fol. en cartons.

30 Deux volumes in-fol. contenant les por-

traits en pied des Empereurs d'Allemagne, & les Princes de la Maiſon d'Autriche.

31 Un volume in-folio, relié en veau, contenant douze cent cinquante pieces de Callot, anciennes épreuves, parmi leſquelles ſe trouvent les Saints de l'année, les Péchés mortels, le petit Porte-Dieu, la petite Paſſion, les Banquets, le Jeu de Brelan, le petit Jeu de Boules, le Nouveau Teſtament avec différences, les martyres des Apôtres, les Pénitents, les Gueux, la Nobleſſe, les grandes & petites Miſeres de la Guerre, les Supplices, la Pandore, la Tentation de Saint Antoine, le Soliman, la grande Foire de Nancy, la Carriere, la Chaſſe, le Voyage de la Terre-Sainte, les Batailles de Médicis, &c. &c.

32 Un volume in-4°. en maroquin, contenant plus de deux cent quarante petites pieces, par Vierix, anciennes épreuves.

33 Un autre volume in-4. maroquin vert, contenant plus de cent quarante diverſes pieces de Callot, des premieres épreuves. Lux Clauſtri, les grandes & petites Miſeres de la Guerre, le Combat à la barriere, les vues de Florence, l'Enfant prodigue, les Bohémiens, variæ figures, &c.

34 Les Métamorphoſes d'Ovide, en quatre volumes in-4. veau écaillé, doré ſur tranche, avec diſcours latin & françois, ornés de cent quarante eſtampes, gravées par le

Mire, de Saint Aubin, Delaunay, de Longueil, &c. & d'une quantité de jolies vignetes, par Choffard.

35 Un vol. in-folio, en maroquin, contenant trois cent cinquante-cinq vignettes, par le Clerc, Picart, Gravelot & autres.

36 L'Œuvre de Veïrotter, composé de deux cents paysages, gravés à l'eau-forte par lui-même: in fol. broché.

37 Le Cabinet de M. le Duc de Choiseul, en cent trente estampes, gravées d'après les plus célebres Peintres Flamands & Hollandois. in-4°. relié.

38 Un volume in-folio oblong, maroquin rouge, contenant plus de trois cents soixante Batailles de Ch. V. Vues de Villes, &c. le tout enluminé.

38* Iconographie d'Angelo Canini, avec beaucoup de têtes antiques, gravées par Picart le Romain. Rome, 1669, in-folio, relié en veau.

39 Petite Suite des vues de Rome ancienne, en cinquante-deux planches à l'eau-forte, par Mercati.

39* Mascarade faite en 1748 par les Pensionnaires de l'Académie de Peinture, à Rome, en trente deux planches, gravées avec goût à l'eau-forte, par Vien. in 4°, broché.

40 Un volume in-folio, en maroquin vert, contenant trois cents grands & moyens portraits, d'après van Dyck, par Vorsterman, Pontius, & autres célebres Graveurs.

Parmi les têtes gravées à l'eau-forte, par van-Dyck, il s'en trouve beaucoup avant la lettre & avec des différences, ainſi que dans pluſieurs autres de la ſuite, qui ſont avec l'adreſſe de vanden Enden.

ESTAMPES ENCADRÉES ET GOUAZZES DIVERSES.

41 SAINT GEORGES combattant le Dragon ; ſujet plein de feu, exécuté par Rubens à la ſanguine & pierre noire.

41 * Quatre tableaux de fleurs & fruits, peints ſur verre, de 15 à 18 pouces.

42 Pluſieurs payſages, à la gouache, par Patel & autres.

43 Le Saint Hubert, & la Vierge au hibou, par Albert Durer.

43 * La Vierge à l'œillet, par Boulanger, d'après Raphaël.

44 Les Pélerins d'Emaüs, d'après le Titien, par Maſſon, ſuperbe épreuve.

45 Le Chriſt mort, ſur les genoux de la Vierge, par Vorſterman, d'après van-Dyck, très belle épreuve.

46 Le Couronnement d'Epines, d'après le même, grand ſujet en hauteur, par Bolſwert, idem.

47 Thomiris faiſant plonger la tête de Cyrus dans le ſang humain, par P. Pontius, d'après Rubens, ſuperbe épreuve.

48 Jésus-Christ mort, sur les genoux de la Vierge; moyen sujet en hauteur, d'après van-Dyck, par Pontius, premiere épreuve.

49 La Suite des vingt-cinq estampes de la Galerie du Luxembourg, d'après Rubens, par Duchange & autres.

50 Le Couronnement de la Reine, de la même Suite, premiere épreuve sans lettre.

51 La Chasse aux Lions, par Bolswert, superbe épreuve.

52 Autre grande Chasse aux Lions, par Suyderhoef, aussi très-belle épreuve.

53 La grande Descente de Croix, de Rembrandt, très-bonne épreuve.

54 La copie du grand Ecce Homo, ditto.

55 Le Reniement de Saint Pierre, par Bolswert, d'après Seghers, ancienne épreuve.

56 Job sur le fumier, d'après le même, par Bolswert.

57 La Présentation au Temple, d'après Boulongne, par Drevet, premiere épreuve avant la lettre & avec différence.

58 La Vierge au raisin, par Roullet, d'après Mignard, premiere épreuve avant la lettre.

59 Les Batailles d'Alexandre, en cinq grands morceaux.

60 Une autre Suite, idem, en six morceaux, par Jean Audran.

61 Deux grandes pieces en travers, d'après Teniers, par M. le Bas: Réjouissance flamande, & pendant.

62 La Conversation & la Lecture espagnole,

d'après C. Vanloo, par M. Beauvarlet ; premieres épreuves avant la lettre.

62* La Confidence, des mêmes, aussi avant la lettre.

63 Sainte Génevieve, d'après le même, par Balechou, aussi avant la lettre.

64 La même estampe, avec la lettre, premiere épreuve.

65 Le Paralytique, & l'Accordée, par MM. Greuze & Flipart, des premieres épreuves.

66 La Mere bien-aimée, par M. Massard, aussi premiere épreuve.

67 Le Pere de Famille lisant la Bible, par Martinasie, d'après le même.

68 Le Silence, par Cars & Jardinier, premiere épreuve, & l'Enfant gâté, idem.

69 La Tempête & le Calme, par Balechou, d'après M. Vernet, prémieres épreuves avant les rayes & l'adresse.

70 Les deux mêmes estampes, avant les raies & avec l'adresse.

71 Les Baigneuses, des mêmes, premiere épreuve.

72 La même estampe, idem.

73 Deux, par Beauvarlet & Melini : Enfans de Messieurs de Béthune & Bouillon.

74 Deux sujets en hauteur, par Strange, d'après P. de Cortone ; Remus, & Pendant.

75 Deux grands paysages en travers, par Woollett ; Celadon, & Alcyone.

76 Une Scène de la Tragédie Angloise, de Macbeth, par le même, avant la lettre.

77 La Pêche, par le même, très-belle épreuve.

78 Le Concert de Famille, par M. Wille.

79 L'Inſtruction paternelle, du même.

80 Les Muſiciens ambulans, par le même.

81 L'Entrée d'Alexandre, & l'Académie des Sciences, avant l'ombre, par le Clerc.

81* La Cérémonie du Marquis d'Angeau, par le même, premiere épreuve avant le nom de Peſey.

82 Le Vendeur d'orviétan, tableau célebre de K. du Jardin, du Cabinet de feu M. de Gagny, aujourd'hui dans celui de M. ſon fils, gravé avec eſprit à l'eau-forte, par M. de Boiſſieu, Amateur.

83 Le Gâteau des Rois, par le Mire.

84 Deux ſujets allégoriques à la gloire du Roi & de la Reine, par le même, d'après Moreau.

85 Deux payſages, par Vivarès, d'après Mielly & Lambert.

86 M. Boſſuet en pied, par Drevet, premiere épreuve.

87 La même eſtampe, auſſi avant les points.

88 Le Cardinal Dubois, par le même.

89 Le portrait de Samuel Bernard, par le même Drevet.

90 Celui de M. Arnaud en grand, par le même.

91 Le Comte d'Evreux, par Schmidt.

92 Louis XV, par Wille.

93 Maſſé, par le même, avant la lettre.

94 M. de Saint Florentin, premiere épreuve avec les maillets blancs.

95 La même eſtampe, avant la qualité de Miniſtre.

96 Pluſieurs eſtampes, & cadres dorés qui ſeront diviſés.

ESTAMPES EN FEUILLES.

97 TROIS pieces de M. Antoine & autres, dont la petite Peſte, les Grâces & l'Amour, &c.

98 La Transfiguration, & la Deſcente de Croix, en grand, par Dorigny, d'après Raphael, &c.

99 Quatre pieces, par Vorſterman, d'après Raphael & Carrache: Jéſus-Chriſt mis dans le tombeau: Saint George terraſſant le Dragon, épreuve & contr'épreuve: la Priere au Jardin: le tout ſuperbes épreuves.

100 La Vierge & Sainte Anne, tenant le petit Saint Jean que careſſe l'Enfant Jéſus debout ſur ſon berceau; gravé par Poilly, d'après Raphaël, premiere épreuve, avant d'être terminée par le bas de la planche.

101 La même eſtampe, belle épreuve, avec la lettre.

102 La Vierge au linge, connue par cette dénomination, parce qu'elle leve un linge de dessus la tête de l'Enfant Jésus endormi; aussi gravée d'après Raphaël, par le même, premiere épreuve avant la contre-taille.

103 La même estampe, avec cette contre-taille sur le linge, & avec différence dans les armes.

104 La Nativité de forme octogone, d'après le Guide, par Poilly, premiere & superbe épreuve avant les Anges.

105 Le Christ mort, sur les genoux de la Vierge, par Roullet, d'après le Carrache, premiere épreuve.

106 La même estampe, aussi premiere épreuve.

107 Le combat des quatre Cavaliers, par Edelinck, épreuve & contr'épreuve très belles.

108 Quatre sujets, par Poilly & Pitau, dont la Fuite en Egypte, du Guide; une Sainte Famille, du Poussin, &c.

109 Trois sujets de Vierges, par Boulanger, d'après Raphaël, &c. belles épreuves.

110 Sept sujets divers, par Bloémaërt, Pitau, &c. dont le Christ au tombeau, d'après L. Carrache; le Repos en Egypte, du Baroche, &c.

111 Trois pieces de la Galerie de Dresde, par Kilian, Folkema, &c. d'après Netscher, Jos. Crespy, & Rubens, toutes avant la lettre.

112 Trois grands ſujets de la même Galerie : Peſte de Procaccini, Aumône de Saint Roch, & Femme adultere.

113 Quatre grands ſujets en hauteur, d'après le Corrége, Annibal Carrache, & le Guide, par Camérata, Surugue & Beauvais.

114 Dix ſujets divers de la même Galerie, d'après B. Caſtiglione, Baſſan, Rubens, &c.

115 Onze autres idem, d'après Procaccini, L. de Vinci, &c.

116 Loth & ſes Filles, & le Portement de Croix, par Preiſler ; une Sainte Famille, d'après J. Romain, par Flipart ; & la Magdeleine, par Tardieu.

117 Suzanne au bain, Loth enivré par ſes Filles, par Beauvarlet, & le Combat de Perſée, par le même, des premieres épreuves.

118 Cinq pieces, par Preiſler, Pitteri, Daullé & Surugue, dont le Portement de croix, le Sacrifice d'Abraham, & Saint Pierre.

119 Le Triomphe de Neptune, ou Quos Ego, par Daullé, ſuperbe épreuve.

120 La même eſtampe, avant la lettre.

121 Sept ſujets divers, dont Adam & Eve, du Dominiquain ; la grande Bataille d'Alexandre, en trois morceaux, d'après Verdier ; la Samaritaine de Simoneau, &c.

122 Vingt-ſept ſujets de Vierges, par Bloé-

maërt, &c. d'après le Parmesan, Carrache, P. de Cortone, &c. dont la Sainte Famille aux lunettes, &c.

Estampes d'après Rubens.

123 Deux grands sujets en hauteur, par L. Vorsterman: Adorations des Rois & des Bergers, superbes épreuves.

224 Les deux mêmes estampes.

125 L'Adoration des Bergers, grande piece en travers, par Witdoeck, premiere épreuve, n°. 11 du Catalogue de Rubens.

126 L'Adoration des Rois, grande composition en hauteur, par Lauwers, belle épreuve.

127 Une autre grande Adoration des Rois en hauteur, par Ryckmans; & un même sujet de même grandeur, par P. Pontius, d'après Seghers.

128 La Cène, grande piece en hauteur, par Bolswert, très-belle épreuve.

129 La même estampe, idem.

130 Jésus-Christ présenté au Peuple, grand sujet en hauteur, par Lauwers, superbe épreuve.

131 Le Portement de Croix, par P. Pontius.

132 Le Lazare ressuscité, grande & belle composition en hauteur, par Bolswert.

133 Saint Michel foudroyant les Rébelles, par Vorsterman, superbe épreuve.

134 Les trois Croix, sujet d'un grand effet par Bolswert, où l'on voit un Bourreau perçant de sa lance le corps de Notre-Seigneur.

135 La même estampe; & de plus les Rébelles foudroyés, de Vorsterman.

136 Le Christ aux coups de poingts, connu sous ce titre, & gravé par P. Pontius, superbe épreuve.

137 La grande Descente de Croix, dont le tableau se voit à la Cathédrale d'Anvers, gravée par Vorsterman, très-belle épreuve.

138 La même estampe.

139 L'Ange foudroyant les Rébelles, par Vorsterman; & le Christ où se voit dans le fond la Ville de Jérusalem, par Bolswert.

140 La Descente de Croix, par Clouvet; parfaite épreuve d'un effet superbe.

141 Les trois Croix, par Bolswert, où se lit au bas, *& latrones*, *&c.* le grand Christ où la Magdeleine embrasse les pieds, par Neeffs, & de plus un autre Christ.

142 Le Christ mort, au Capucin, par P. Pontius, & le même sujet, par Bolswert: toutes deux belles épreuves.

143 Les deux mêmes estampes aussi belles.

144 Deux autres idem.

145 Quarante-neuf petits sujets de Vierges, & Saints Nommès, vélins, anciennes épreuves.

146 Quarante-sept autres pièces idem, pour des Breviaires, &c. &c. très-belles épreuves.

147 Trente-ſept pieces, Titres de Livres in-folio, rares à trouver.

148 Les deux ſujets de Suſanne, gravés par Vorſterman & Pontius : le Chriſt mort, par Ryckmans, & Méléagre, par Bloémaërt, toutes belles épreuves.

149 Quatre moyennes pieces, dont la Décolation de Saint Jean, par Bolſwert : Job inſulté & tourmenté par les Diables : l'Enlévement de Proſerpine, par Soutman, &c. très-belles épreuves.

150 Neuf ſujets divers, dont Loth ſortant de Sodôme, la Sainte Famille au berceau, celle au perroquet, le martyre de Saint Laurent, &c.

151 Deux pieces par Soutman, Jéſus-Chriſt donnant les clefs de l'Egliſe à Saint Pierre, & mis dans le tombeau, ſuperbes épreuves.

152 Trois moyennes pieces en travers, très-belles épreuves : l'Apparition de Notre-Seigneur aux ſaintes Femmes : Loth ſortant de Sodôme, & la Nativité, par Vorſterman.

153 La ſainte Famille à l'oiſeau, par Bolſwert, premiere épreuve avant toute adreſſe.

154 La même eſtampe, auſſi belle.

155 Cinq pieces en hauteur : l'Annonciation : Sainte Famille au mouton, de Witdoeck, où la Vierge allaite l'Enfant Jéſus : Retour d'Egypte, & Mere de douleur.

156 Six autres ſujets en hauteur, Nativité, Adoration des Rois, Vierge au mouton, Pere Eternel, les Ames du Purgatoire déli-

vrées, & Saint Pierre recevant les clefs ; toutes par Bolſwert, & très-belles épreuves.

157 Cinq idem, Retour d'Egypte, par Vorſterman ; Saint Juſt, &c.

158 Sept autres idem, Réſurrection, Saint Laurent, Charité Romaine, &c.

159 Huit idem, dont l'Education de la Vierge par Sainte Anne ; petite Nativité en travers ; Mere de douleur, &c.

160 Six pieces, dont trois petits ſujets de Vierges, au ſceptre, à la fontaine, &c. le Denier de Céſar, par Vorſterman, & Méléagre, par Bloémaërt.

161 Deux grands ſujets en hauteur, la Viſitation d'Elizabeth, & le martyre de Saint Thomas, belles épreuves.

162 Deux idem, la Pentecôte, & la Viſitation d'Elizabeth.

163 La Pentecôte, par P. Pontius, ſuperbe épreuve.

164 Deux grandes Vierges en hauteur ; celle qui eſt entourée d'enfants, par C. Viſſcher, & celle debout ſur un autel, par C. Galle, très-belles épreuves.

165 Les quatre grandes Aſſomptions de la Vierge, par Vorſterman, Bolſwert, &c. anciennes épreuves.

166 Un même ſujet, gravé par Maſſon, belle épreuve & rare.

167 Saint Roch guériſſant les Peſtiférés, par P. Pontius, très-belle épreuve.

168 Saint François Xavier, & Saint Ignace

faisant l'exorcisme, grandes pieces en hauteur, par Marinus.

169 Les deux mêmes estampes, aussi très-belles épreuves : le Saint Ignace est avant la lettre.

170 Trois très-grandes pieces en hauteur : l'Ange & Elie, par Lauwers : la Vierge ayant à ses pieds Saint George & plusieurs autres Saints ; & la Dispute des Docteurs de l'Eglise, par Snyers.

171 Trois autres sujets en hauteur : le martyre de Sainte Catherine, par Van Lew : Saint François stigmatisé, & une Vierge, par Visscher.

172 Trois pieces idem : la grande Judith, par C. Galle : le Portement de Croix, de Pontius ; & Saint Roch.

173 Deux sujets en travers : Fuite en Egypte, par Marinus ; & Melchisedech, par Witdoeck, belles épreuves.

174 Les deux mêmes estampes.

175 Les Pélerins d'Emaüs, par Witdoeck ; & Progné, par Galle.

176 L'Armée de Sennachérib, épouvantée par l'Ange, gravé par Soutman, belle épreuve & très-rare.

177 La Conversion de Saint Paul, par Bolswert, superbe épreuve.

178 La Reine Thomiris, faisant plonger dans un bassin de sang la tête de Cyrus, par Pontius, superbe épreuve.

179 La même estampe à laquelle on a joint la copie faite par Ragot.

180 Daniel dans la foſſe aux lions, grande piece en travers par van-Leuw, belle & très-rare épreuve.

181 Le Jugement de Salomon, & le Serpent d'airain, toutes deux par Bolſwert, anciennes épreuves.

182 Le grand Feſtin d'Hérode, ſujet en travers, par Bolſwert.

183 Les quatre grands Triomphes de l'Egliſe, de deux morceaux chacun, & de plus les deux ſujets des Peres de l'Egliſe & Evangéliſtes, gravés par Bolſwert, & autres, anciennes & belles épreuves.

184 Dix morceaux, compoſant les mêmes pieces du n°. précédent, auſſi anciennes épreuves.

185 La Cène, en deux pieces, d'après L. de Vinci, & les deux ſujets des Evangéliſtes, & Docteurs de la Loi.

186 La grande Chûte des Anges, par van-Orley, & le Jugement dernier, par C. Viſſcher, anciennes épreuves.

187 Les deux mêmes eſtampes.

188 Les Rébelles foudroyés, grande & belle compoſition en hauteur, en deux morceaux: gravée par Suyderhoef, ſuperbe épreuve.

189 La même piece, & de plus le même ſujet d'une compoſition différente, gravée par Soutman.

190 La grande Adoration des Rois, en

deux morceaux, gravée par Vorsterman; & la Pêche miraculeuse de trois pieces, par Bolsvert, très-belles épreuves.

191 Le Massacre des Innocens, en deux morceaux, par P. Pontius, superbe épreuve.

191 * La même estampe, aussi très-belle.

192 L'Élévation de Croix, en trois pieces.

193 La Bataille des Amazones, en six morceaux, par Vorsterman, ancienne épreuve.

194 La même estampe, aussi belle.

195 La grande Chasse aux lions, par Bolswert, superbe épreuve.

196 Autre grande Chasse aux lions, par Suyderhoef, très belle épreuve.

197 Celles aux lions, & au crocodile, par Soutman, très-belles épreuves.

198 Celle au sanglier, en deux morceaux, & celle à l'ours, toutes les deux gravées par le même, très belles épreuves.

199 Neuf autres sujets de Chasses, de la même Suite, dont plusieurs sont doubles, gravées par van-Lew, Bolswert, &c.

200 Vénus sur les eaux, par Soutman, & Eréficton trouvé dans la corbeille, gravés par van-Sompel, toutes deux belles épreuves.

201 La grande Bacchanale, gravée par Soutman, premiere épreuve avant les draperies augmentées.

202 Quatre autres sujets de la Fable, dont le Repos de Diane & ses Nymphes, le jeune Bacchus, Jupiter & Junon, &c. par Soutman & van-Sompel.

203 La Suite des ſix grands Payſages, par Bolſwert, anciennes épreuves.

204 La Suite des vingt-un moyens Payſages, par le même.

205 Vingt-quatre autres Payſages de la même Suite, dont pluſieurs ſont doubles.

206 La Bataille des Payſans, d'après Breughels, par Vorſterman, ancienne épreuve.

207 La même eſtampe, auſſi belle.

208 Le Couronnement de Marie de Médicis, grande piece en travers qui fait partie de la Suite de la Galerie du Luxembourg, premiere épreuve avant la lettre.

209 Deux grandes pieces en travers de chacune trois morceaux, gravées par Lorenzini, repréſentant une Bataille, & un Triomphe. Ces deux morceaux ſont partie du Cabinet du grand Duc de Toſcane.

210 Deux grands morceaux de l'hiſtoire de Décius, gravés à Vienne; & deux autres ſujets, gravés à Londres, par Walker.

211 L'Enlévement des Sabines, par Martinaſie.

212 Neuf ſujets divers, dont Saint François ſtigmatiſé, la Sainte Famille au Perroquet, &c.

213 Trente-cinq idem, dont pluſieurs gravés en bois, les Ames du Purgatoire délivrées, &c.

214 Treize idem, d'après Rubens, Jordans, & Seghers, dont pluſieurs ſujets de Vierges, Saint Pierre, le Satyre chez le Payſan, &c.

215 Vingt-quatre pieces, idem, dont la

Dragme trouvée, la Communion de Saint Bonaventure, les Peres de l'Egliſe, &c.

216 Seize idem, dont le Payſan ſoufflant le froid & le chaud, par Vorſterman, d'après Jordans; la petite Judith, par Voët; Saint Roch, &c.

217 Trois grandes pieces, dont la Préſentation au Temple, le Maſſacre des Innocents en deux feuilles, &c.

218 Quatre autres grands ſujets en hauteur, la Cène, Adorations des Rois & des Bergers, par Vorſterman, &c.

219 Douze ſujets divers, dont la Flagellation, par P. Pontius; le Denier de Céſar, Notre-Seigneur en Jardinier, pluſieurs Aſſomptions, &c.

220 Quatre pieces, dont le Portrait de Ch. de Longueval avec attributs, & trois autres ſujets en bois, Suſanne, Hercule, & Silène.

221 Vingt-huit petits ſujets & Portraits, auſſi d'après Rubens, à l'eau forte & au burin, parmi leſquels il s'en trouve de fort rares.

222 Trois grands Portraits, le Comte d'Olivarès, Charles de Longueval, & l'Infante en Religieuſe, anciennes épreuves.

223 Sept autres Portraits, dont Philippe IV, la Ducheſſe de Mantoue, l'Archiduc d'Autriche, &c.

224 Le tombeau de Rubens, par Pontius, premiere épreuve avant la lettre.

224 * La Suite de l'Histoire de Constantin en douze pieces, par Tardieu.

225 Dix têtes d'Empereurs & Philosophes, par Vorsterman & autres, des premieres épreuves.

226 Diverses bonnes copies, par Ragot, d'après des pieces capitales de Rubens, anciennes épreuves.

Pieces d'après Van-Dyck.

227 Le grand Christ à l'Eponge, par Bolswert, premiere épreuve avant la main, & superbe.

228 La même estampe, aussi très-belle, avec la main.

229 Trois pieces, dont la Vierge à la danse des Anges, un Repos en Egypte, par Bolswert, &c.

230 Quatre autres sujets divers, le Christ mort, sur les genoux de la Vierge, par P. Pontius; le petit Christ au Roseau, à l'eau-forte, &c.

231 La Vierge tenant dans ses mains l'Enfant Jésus, par P. Pontius, avant & avec la dédicace à l'Evêque de Gand, & deux autres sujets. Ces quatre pieces sont très-belles épreuves.

232 *Samson* & Dalila, grand sujet en travers, par Snyers.

233 Les deux grands sujets en hauteur de Renaud & Armide, par P. de Jode & Baillu, très-beaux d'épreuve.

234 Les deux mêmes estampes, aussi très-belles épreuves.

235 Les deux pareilles pieces, anciennes épreuves.

236 Trois épreuves de la piece ci-dessus, gravée par Baillu.

237 Quatre sujets divers, le Christ mort, étendu sur les genoux de la Vierge, par Bolswert, la Vierge & Sainte Catherine, la Danse des Anges, &c.

238 Quatres autres pieces idem, dont l'Enfant Jésus jouant avec Saint Jean, par P. de Jode; Saint Sébastien, par van-Schupen; Sainte Catherine, &c.

240 Deux pieces par Hollar, le Christ où les Anges reçoivent le sang dans un calice, & le Portail de la Cathédrale d'Anvers.

MÉLANGE

DE DIFFÉRENS MAITRES.

241 L'Adoration des Bergers, & la Fuite en Egypte, d'après Jordans, par P. de Jode & P. Pontius.

242 Saint Martin de Tours, grand sujet en hauteur, d'après le même, par P. de Jode, très-belle épreuve.

243 La même estampe, & quatre autres de plus, dont l'Adoration des Bergers, Jésus-Christ amené devant Pilate, &c.

244 Dix ſujets divers, d'après Seghers & autres, dont la Vierge au berceau, le retour d'Egypte, par Bolſwert, &c.

245 Le Chriſt à la Colonne, par Vorſterman, & Saint Sébaſtien, par P. Pontius, d'après Seghers, toutes deux ſuperbes épreuves.

246 Trois pieces, d'après le même, dont l'Annonciation, la Vierge au berceau, &c.

247 Deux petits ſujets d'un grand effet, d'après le même, la Crêche au Capucin, & le Reniement de Saint Pierre, par de Jode & Paullis, ſuperbes épreuves.

248 Les deux mêmes eſtampes, auſſi très-belles épreuves,

249 Trois pieces idem, le Concert de Sainte Cécile, Job ſur le fumier, & Saint Sébaſtien, anciennes épreuves.

250 Onze ſujets, d'après Seghers & Van-Dyck, dont la mort de Saint François, par Vorſterman; Saint François Xavier & Saint Ignace aux pieds de la Vierge, le petit Chriſt au Roſeau, à l'eau-forte, par van-Dyck, &c. le tout, anciennes épreuves.

251 Le Reniement de Saint Pierre, & les Fumeurs qui y font pendant, gravés par Bolſwert, d'après Seghers, anciennes & belles épreuves.

252 Le Reniement de Saint Pierre, ſeul.

253 Le Concert de Sainte Cécile, & le Reniement de Saint Pierre.

254 La Guériſon des Paralytiques, dite la

Piece de cent florins, morceau capital de Rembrandt, premiere épreuve avant le ceintre.

255 La même Estampe, & deux autres du même Auteur,

256 La grande Descente de Croix, & Jésus-Christ présenté au Peuple, sujets en hauteur, par le même, très-belles épreuves.

257 Les deux mêmes Estampes, & sept autres sujets du même.

258 Jésus-Christ présenté au Peuple, seul, ancienne épreuve avant l'adresse d'Amsterdam.

259 Le Baptême de l'Eunuque, grande Piece en hauteur de van-Uliet, belle épreuve.

260 Quatre Pieces, par Suyderhoef, d'après Ostade, dont le Bal, le Coup de couteau, &c. anciennes épreuves.

261 Trois Pieces diverses par Albert Durer, Ostade, &c. dont la Pandore, &c.

262 Vingt-neuf petits sujets divers, de Bloémaert & Th. Galle, dont le Mangeur de radix, le Flûteur, &c.

263 Six sujets divers, par Bloémaert, dont Tabite, d'après le Guerchin, Nativité, Adoration des Bergers, &c.

264 Quatre-vingt têtes, sujets, Paysages & animaux divers, gravés par Hollar, anciennes épreuves.

265 Cinq Paysages, par M. de Marcenay, dans la manière de Rembrandt, d'après Rembrandt, van-Uden, & M. Vernet.

266 Le testament d'Eudamidas, & l'Amour

fixé, d'après le Pouſſin & le Brun, par le même.

267 Tobie recouvrant la vue, d'après Rembrandt; la Fleuriſte, d'après G. Dow, épreuve avant & avec la lettre, idem.

268 Trois épreuves avec différence, d'une Bataille d'après Parocel, avant & avec la lettre, & de plus ſix Portraits d'Hommes & Femmes, par le même, dont celui de M. de Mirabeau avec différence, &c.

269 Deux beaux Portraits, par le même, l'Electeur de Brunſwick régnant, & le Comte de Berghe.

270 Douze petits Portraits, ſujets & Payſages, par le même, dont la Pucelle d'Orléans, le Maréchal de Saxe, &c.

271 La Magdeleine, d'après le Brun, par Edelinck, très belle épreuve.

272 La même Eſtampe, auſſi belle.

273 La Suite des grandes Batailles d'Alexandre, très-belles épreuves par G. Audran, d'après le même, en cinq Pieces, & de plus une ſixieme gravée par Picart le Romain.

274 La même Suite, en ſix moyens morceaux, par J. Audran.

275 Onze autres ſujets de Vierges, d'après Mignard, Pietre de Cortone, &c. par Roullet, Poilly, &c.

276 Six ſujets de Vierges, par Poilly & autres, d'après le Guide, Bourdon & Mignard, dont la Fuite en Egypte, &c. des premieres épreuves.

277 La Vierge au linge, du Bourdon, par Poilly, avant & avec la lettre, & de plus la sainte Famille en hauteur, d'après le Poussin, toutes trois belles épreuves.

278 Cinq grands sujets, d'après le Poussin, Mignard & le Brun, dont la Chûte des Rébelles, par Loir; le Boiteux guéri, le Veau d'or, &c.

279 Six autres d'après le Brun, &c. dont la Circoncision, par Scotin, le martyre de Saint Etienne, &c.

280 La Nourrice, ou le Silence, d'après Greuze, premiere épreuve avant la lettre.

280 * Quatre pieces, la tente de Darius, de Mignard; l'Entrevue, & le Mariage de Louis XIV; de plus la réduction de Marsal, par le Clerc & Jeaurat.

281 La Fille au Chien, par M. Porporati, la Dormeuse & la Savonneuse, toutes trois premieres épreuves, d'après le même.

282 Trois Pieces, idem, par Beauvarlet, dont la Marchande de marons, avant & avec la lettre.

283 Les Œufs cassés, & le Geste Napolitain, par M. Moitte, des prem. épreuves.

284 La Mere bien-aimée, par M. Massard, premiere épreuve avant la lettre & les armes au bas de la planche. rarissime.

285 La même Estampe, avec les armes & avant la lettre, superbe épreuve.

286 La même Estampe, premiere épreuve, sur papier de soie, avec la lettre.

287 La Sultane, d'après Vanloo, par Beau-

varlet, premiere épreuve avant la lettre.

288 M. le Comte d'Artois, avec Madame sa Sœur, par le même, d'après Drouais, premiere épreuve.

289 Les Enfans de Béthune, & ceux du Fermier, d'après Fragonard, avant la lettre, par le même.

290 L'Instruction paternelle, & le Concert de Famille, gravés par M. Wille, superbes épreuves.

291 Les Offres réciproques, par le même, d'après Diétricy, idem.

292 La même Estampe, aussi belle.

293 Agar présentée à Abraham, par le même, premiere épreuve avant la lettre.

294 La même Estampe, superbe épreuve avec la lettre.

295 Une autre pareille Piece, sur papier des Indes.

296 Lycurgue blessé, d'après M. Cochin, par Desmarteau, premiere épreuve avant la réception de cet Artiste à l'Académie Royale.

297 Le Frontispice de l'Encyclopédie, d'après le même, gravé par M. Prevost, premiere planche.

298 La Mort d'Abel, par M. Porporati, d'après le Chevalier vander-Werf, avant la lettre.

299 La même Estampe, avec la lettre.

300 La lecture Espagnole, d'après C. Vanloo, premiere épreuve avant la lettre.

301 La même Estampe, superbe épreuve avec la lettre.

302 Sainte Génevieve, d'après le même, par Balechou, premiere épreuve avant les rayes & l'adresse.

303 La Tempête, & le Calme, par le même, d'après M. Vernet.

304 Les Baigneuses, idem, très-belle épreuve.

305 Les quatorze vues des différents Ports de mer de France, d'après le même, gravées par MM. Cochin & le Bas, épreuves de souscription, & anciennes.

306 Le Matin, & le Soir, par MM. Melini & Loutherbourg.

307 La Revue de la Maison du Roi au trou d'Enfer, par le Bas, & le Clair de Lune, par Flipart, d'après Vernet.

308 Les deux mêmes Estampes, aussi premieres épreuves.

309 La Pêche & son Pendant, d'après Vernet, par Benazech, premieres épreuves avant la lettre, & les deux eaux-fortes.

310 Une grande Marine de le Mire, avant la lettre, & deux Paysages en hauteur, par le Vasseur, d'après Diétricy.

311 Quatre Paysages, d'après Vouvermans & Wagner, gravés par Daudet, premieres épreuves.

312 Quatre moyens Paysages, & une Bataille, toutes cinq avant la lettre, gravées par MM. le Bas, Aliamet & Daudet.

313 Neptune & Amymone, par Danzel, d'après Boucher, premiere épreuve avant la lettre.

314 Diane & Actéon, par Beauvarlet, & Agar répudiée, de le Veau, d'après Diétricy, toutes deux avant la lettre.

315 Les Nappes d'Eau, ſuperbe Payſage, par le Prince, gravé par Godefroy, premiere épreuve.

316 La même Eſtampe, avant la lettre.

317 La Pêche au Crocodile, par Molés, d'après Boucher, avant & avec la lettre.

318 Le Coucher de la Mariée, & le Modèle honnête, premieres épreuves avant la lettre, d'après Baudouin.

319 Les Pigeons, & la Fille ſurpriſe, d'après le même, par Choffard, premieres épreuves: de plus, la Toilette par Ponce, avant la lettre.

320 Quatre, d'après le même, la Soirée des Thuileries, Roſe & Colas, &c. premieres épreuves.

321 Quatre autres idem, par Ponce, &c. Annette & Lubin, déſirs ſatisfaits, &c.

322 Cinq idem, avant la lettre, les Ceriſes, Roſe & Colas, Soirée des Thuileries, &c.

323 Quatre, d'après le même, par Delaunay, auſſi premieres épreuves, l'Epouſe indiſcrette, le Carquois épuiſé, &c.

324 Treize Pieces modernes, d'après Greuze & autres, dont le Silence, épreuve non terminée; pluſieurs Pieces, par le Bas, du Cabinet de M. de Praſlin, &c.

325 Deux Pieces en couleur, par Janinet; le Repas des Moiſſonneurs, & la Crainte enfantine.

326 Vingt-un sujets & statues, détachés du volume du Cabinet du Roi, d'après le Corrége, Poussin, &c. dont le Silence, du Carrache, &c.

327 Six des Sacrements du Poussin, en deux feuilles chacun, par Pesne.

328 Neuf Pieces diverses, dont la Sainte Famille, par Edelinck, la Nappe du Titien, par Masson, &c.

329 Vingt-cinq sujets divers, dont le Serpent d'airain, par Masson, le Mariage de Sainte Catherine de Poilly, &c.

330 Soixante-treize petites Pieces diverses, par C. Galle, &c. dont la Suite des Apôtres, d'après Rubens, &c.

331 Les Miseres de la Guerre, par Callot, en dix-huit Pieces, & la grande Passion en sept, le tout anciennes épreuves.

332 Quatre-vingt-huit Pieces, par le même, dont la Tentation de Saint Antoine, l'Enfant Prodigue, la grande Passion, &c.

333 Cent vingt-quatre autres idem, dont les Bohémiens, le Massacre des Innocents, deux vues de Paris, &c.

334 L'Age d'Or, & le Triomphe de Bacchus, par Th. de Bry; & de plus vingt-trois vignettes, gravées par Roullet.

335 Dix Paysages & sujets de N. de Bruyn, dont l'Age d'Or, par Bloémaert.

336 Vingt-deux petites Pieces, idem, dont la Passion, l'Enfant Prodigue, &c.

337 Trente-huit Paysages & animaux divers, par Berghem, dont la Suite des Moutons, &c.

338 Douze idem, par Wisscher, dont les quatre Heures du Jour, &c.

339 Deux Pieces du Cabinet du Roi, avant la lettre, le Denier de César, & une Sainte Famille, du vieux Palme.

340 Quatre sujets de Vierges, par Roullet, & autres, dont celle au raisin, &c.

341 Vingt-neuf petits sujets d'animaux, par Bamboche, & vanden-Hecke, anciennes épreuves.

342 Deux Portefeuilles, remplis de différentes Vues & Paysages, par Silvestre & Perelle, anciennes épreuves.

343 La Maladie d'Antiochus, d'après C. de Vermont, par le Vasseur, avant la lettre.

344 Diane & Actéon, d'après de Troy, par le même, premiere épreuve.

345 La Continence de Scipion, d'après le Moine, & les Adieux d'Hector, d'après Restout, gravées par le même, premieres épreuves avant la lettre.

346 Le Coup de Vent, d'après Vernet, & le Mont Vésuve, d'après Salvator Rose, gravées par le Charpentier, avant la lettre.

347 Douze grands sujets chinois, d'après Boucher, par Huquier fils.

348 Trente sujets des Œuvres de Voltaire in-4°. dont la Henriade, &c. premieres épreuves avant l'Edition.

349 Cinq Estampes modernes, dont le Pas de deux, de Mademoiselle Allard, les Pêcheurs des Pyrénes, par le Veau, premiere épreuve avant la lettre.

350 La Suite des Plafonds de l'Eglise de Saint Ignace à Anvers, en quarante-sept morceaux, y compris le Portrait gravé par Punt, & les dix à l'eau-forte par de Wit.

351 Le même Ouvrage, gravé par Preisler à Nuremberg.

352 Soixante Vignettes in-8°. pour la nouvelle Edition de l'Arioste, & de la Henriade de Voltaire, gravées par de Longueil & autres.

353 La Suite des trente-quatre Vignettes in-8°. y compris le Portrait, faites pour la nouvelle Edition des Œuvres de Moliere, d'après les dessins de Moreau, & gravées par les plus habiles Artistes du jour en ce genre.

354 Quatre-vingt Vignettes in-8°. pour différens Ouvrages de Littérature, Saisons, Temple de Gnide, &c. des premieres épreuves.

355 Quatorze Pieces, par le Clerc, dont le Mai des Gobelins, premiere épreuve, la Cérémonie du Marquis d'Angeau, la Multiplication des Pains & son Pendant, les Batailles d'Alexandre & Psiché, toutes anciennes épreuves.

356 La Pierre du Louvre, & l'Arc de Triomphe, par le même.

357 Dix-neuf Portraits de Prélats, Artistes

& autres, d'après van-Dyck, dont plusieurs, par Hollar, &c.

357 Deux cents soixante petits & moyens Portraits divers, dans un portefeuille.

358 Dix petits Portraits, par Ficquet, Savart, &c. dont Corneille, Racine, J. J. Rousseau, Crébillon, &c.

359 L'Archevêque de Rouen aux pieds de la Vierge, gravé par Drevet pour deux Editions du Bréviaire de son Diocèse, in-fol. & in-8°. les épreuves sont superbes, & ces deux morceaux sont mis avec justice au nombre des chefs-d'œuvres du célebre Artiste qui les a exécutés.

360 Douze Portraits divers, par Drevet & Edelinck, dont Descartes, Pascal, Mallebranche, Desjardins, &c.

361 Trente-six autres Portraits, dont Madame de Nemours, divers Artistes, &c.

362 Trente-huit Portraits divers, par Suyderhoef, Louys, &c. d'après Soutman, &c.

363 Le Cardinal Dubois, par Drevet, & deux autres Portraits, par M. Wille, le Cardinal de Tancin, & le Maréchal de Belle-Isle.

364 M. de Marigny, par Wille, premiere épreuve.

365 Louis XIV en pied, par Drevet, d'après Rigaud, parfaite épreuve.

365* La même Estampe, aussi fort-bonne épreuve.

366 Cinq pieces modernes, par Wille, In-

gouf, &c. dont la Tricoteuſe, Mere contente, &c.

366* Cinq idem, par Chevillet, d'après le Prince & autres, dont la Santé portée & rendue, &c.

367 Cinq Portraits in-4°. par M. Wille, dont le Cardinal Tancin; Jacques Stuart; &c.

367* Quatre idem, dont Parrocel, le Roi de Pruſſe, Madame de Largilliere, &c.

368 Soixante-onze Portraits & ſujets divers par différens Maîtres.

369 Dix-neuf Portraits & ſujets divers, d'après van Dyck & Rubens, dont la Broyeuſe de couleurs, &c.

370 Un Portefeuille de différents Deſſins & Eſtampes qui ſera partagé.

371 Pluſieurs boëtes & portefeuilles à mettre des Eſtampes.

Estampes diverses gravées a Londres.

Œuvre du ſieur Bartolozzi.

371* La Suite des Deſſins du Guerchin, qui ſont dans le Cabinet du Roi d'Angleterre, en plus de quatre-vingt morceaux gravés à l'eau-forte, in-fol. relié en maroquin.

372 Deux Pieces, le Silence, d'après le Carrache, & Olympie délivrée; d'après le même.

373 Deux autres, la Circonciſion, d'après

le Guerchin, & la Femme adultere d'Aug. Carrache.

374 Clytie, avant la lettre, idem.

375 Quatre petits sujets de Vierges, avec l'Enfant Jésus, d'après Ferrata, Cipriani, C. Dolci, & van-Dyck.

376 Quatre autres petites Vierges, avant la lettre, d'après les mêmes.

377 Sept autres idem à l'eau-forte, d'après le Pezarès, &c. dont une Sainte Famille, le Lever de l'Aurore, de Ph. Laure, & Frises de Cipriani.

378 Cinq pieces à l'eau-forte & dans la maniere du crayon, d'après le Guerchin, le Guide, B. Lutti, P. Véronese, &c.

379 Un cahier de neuf sujets & têtes, d'après P. Tibaldi, Annibal Carrache, Eliz. Sirani, C. Cignani, P. de Cortone, & Dominichino.

380 Un autre cahier de six sujets, d'après C. Maratte, P. de Cortone, & Franceschini.

381 Huit autres Pieces, gravées d'après le Guerchin & Cipriani, dans la maniere du crayon, & imprimés en rouge, sujets de Vierges, Jeux d'Enfants, &c.

382 Trois Pieces exécutées de même, d'après Michel-Ange, dont Prométhée dévoré par le Vautour, &c.

383 Six sujets divers, sçavoir, deux bustes de Vierges, Apollon & la Sybille, le Billet du Bénéfice de M. Savoia, représentant un Génie; une Femme assise pinçant une guittare.

384 Cinq autres sujets en noir, sçavoir, le

Portrait en profil de Mademoiſelle Rudd, le Billet du Bénéfice de Giardani, repréſentant Vénus & l'Amour en oval; autre ſujet oval, repréſentant une Femme aſſiſe tenant un maſque & une lyre, d'après Cipriani, Jonah an Oratorio, d'après Weſt, & Omai en pied d'après Dance.

385 La Vierge & l'Enfant Jéſus, en rond, compoſé & gravé par l'Auteur à la maniere du crayon, avant & avec la lettre : deux Jeux d'Enfans, idem, de forme ronde, d'après Cipriani.

386 Deux ſujets, Femme voilée, tenant un vaſe, & ſon Pendant, de forme ronde, d'après le même.

387 Un jeune Turc avec un turban ſur la tête, & les Filles du Guerchin, auſſi imprimées en rouge.

388 Deux, Bain de Nymphes, & la Tempête, d'après Cipriani, où Bartolozzi a gravé les figures.

389 Deux Scènes de Tom Jones, de forme ronde, d'après Loutherbourg, avec les figures gravées par le même.

390 La Bergere des Alpes, & Laurette, ſujets tirés des Contes de M. de Marmontel, exécutés par M. Loutherbourg, & dans leſquels Bartolozzi a gravé les fig.

391 Les deux mêmes ſujets, épreuves avant la lettre.

392 Deux, Bal, & Nôce, champêtres, grands ſujets en rond, d'après Zuccarelli, dont le Payſage a été gravé par Vivarès, & les figures par Bartolozzi.

393 Les deux mêmes Estampes, avant la lettre.

394 Deux autres Paysages, d'après le même, par Byrne, & dans lesquels Bartolozzi a aussi gravé les figures.

395 Le Départ d'Abraham & de Loth pour l'Egypte, grand sujet en travers, par les deux Artistes précédens.

396 La même Estampe, premiere épreuve avant la lettre.

AUTRES ESTAMPES, *gravées aussi en Angleterre.*

397 Deux grands Paysages en travers, par Woollett & Peack, l'Hyver neigeux, & Alphée & Aréthuse.

398 Deux Ports de l'Angleterre, par Woollett, d'après Palon & Mortimer.

399 Les deux mêmes Estampes.

400 Le Moulin à bled, par Woollett, & Aréthuse par Peak.

401 Deux Paysages en travers, par Smith & Woollet; un Paysage, d'après Gaspre; & une Marine de Canot, d'après van-Velde.

402 Quatre sujets divers du Volume de Boydell, d'après le Baroche, &c.

403 Trois idem, d'après And. Sachi, L. Jordano & van-Dyck.

404 Trois idem, dont le Procureur, d'après Holbein, & autres, d'après le Nain, &c.

405 Quatre idem, d'après P. de Cortone, Cazali, &c. dont Gunhilda, premiere épreuve sur papier des Indes.

406 Saint Jean prêchant dans le Désert, d'après Salvator Rose, par Browne, & une Vue de Tivoli, par Eliott, d'après Rose de Tivoli.

407 Quatre sujets divers, l'Enfant prodigue, par Ravenet, Tobie recouvrant la vue, d'après Aug. Carrache, &c.

408 Deux sujets, d'après Ph. Laure, Diane & Actéon, & Apollon chez Admete.

409 Deux sujets en hauteur, The Cottagers, &c. par Woollett, d'après Dusart, des premieres épreuves.

410 Sainte Cécile, d'après Raphaël, & la Vierge & Saint Jérôme, d'après le Corrége, par Robert Strange.

411 Trois idem, dont Charles I en pied, Apollon, d'après A. Sachi, & la Vierge contemplant son Fils dormant.

412 Trois, par Strange, l'Apparition de Notre-Seigneur à la Vierge, d'après le Guerchin; l'Amour, d'après Scydon, & son Pendant.

413 Esther devant Assuérus, & Agar répudiée, d'apres le Guerchin, par le même.

414 La Mort de Didon, grande & belle composition, exécutée par les mêmes

415 Vénus & Adonis, & Sémélé, d'après West, par Hall & Cook.

416 Deux sujets, d'après Diétricy & Collett, dont un Joueur d'Orgue de Barbarie, & son Pendant.

417 Le Joueur d'Orgue, premiere épreuve avant la lettre; & la chaste Susanne, d'après C. Vanloo.

418 Quinze Vues de Montagnes d'Irlande, & Chasses Angloises par Granville & Canot.

419 Sept Marines & Paysages, par Major, Eliott, Peack, & Byrne, d'après Cl. le Lorrain, Zuccarelli, &c.

420 La Duchesse de Richmond, & son Pendant en oval, par Ryland, dans la maniere du crayon, d'après Mademoiselle Angelica Kauffman, premieres épreuves.

421 Les deux mêmes Pieces.

422 La Duchesse de Richmond seule, avant la lettre.

423 L'Occupation domestique, par le même, avant & avec la lettre.

424 La Femme au Vase, par le même Ryland, d'après Ang. Kauff... & deux Jeux d'Enfans en rouge, par Bartolozzi.

425 Quatre grosses têtes en rouge, par le même, jeune Turc, les Filles du Guerchin, &c. premieres épreuves.

426 Quatre Pieces aussi en rouge, par Ryland & Bartolozzi; Femme au Vase, l'Espérance, &c.

427 Cinq petites Pieces idem, par Bartolozzi, Tête de Vierge, Apollon, la Sibile, &c.

428 Cinq autres sujets, du même, en noir, dont Omai en pied, Jonah an Oratorio, &c.

429 Trois pieces, idem, Omphale, Angelica, & Hope.

430 Une Sainte Famille, composée & gravée par Mademoiselle Ang. Kauffman, & retouchée par Bartolozzi; & deux autres Pieces en rouge, par Bartolozzi, & Albanési, Vénus & l'Amour.

PIECES A LA MANIERE NOIRE.

431 La Famille de Rubens, en pied, par Marc Ardell, prem. épr. avant la lettre.

432 Saint François de Paule, du même, d'après le Morillos.

433 Une Femme assise, tenant un Enfant sur ses genoux, & en ayant trois autres autour d'elle: piece rare d'après Rubens, par M. Ardell.

434 Deux autres sujets de la Famille de Rubens, dont un avant la lettre, & rare.

435 Léda, grande piece en hauteur, avant la lettre, par Green.

435 * Une Sainte Famille du Parmesan, par Phillips; & un repos en Egypte du Corrége.

436 Trois Pieces, dont les Enfans de Rubens, par Tassaert; la Colere d'Achilles, & Mort de Brutus.

436* Deux Tempêtes, d'après van-Velde & Vernet, par Watson, &c.

437 Trois Pieces, dont Sainte Génevieve, d'après Vanloo; les deux Avares, par Earlom, &c.

438 Quatre Portraits de Femmes, dont la Duchesse de Malborough, & la Comtesse de Wal-de-Grave, &c.

439 Neuf Portraits & sujets divers, d'après Teniers, &c. dont le Roi de Danemarck, &c.

440 Les Baigneuses, d'après M. Vernet, aussi en maniere noire, premiere épreuve avant la lettre.

441 Quatre Pieces, dont le Paysan bûveur d'après Brauwer, avant & avec la lettre,

par Burke, Wilkes avec ses Rapporteurs, &c.

442 Eloïse & Abailard, par Watson, toutes deux des premieres épreuves avant la lettre.

442.* Trois autres pieces, Abailard, son Confident, &c.

443 La Toilette Hollandoise, par Watson, d'après Metzu, des premieres épreuves.

444 Les deux mêmes Estampes, avant la lettre.

445 Lady en Confession, avant la lettre, & les jeunes Musiciens, d'après Scalken, avant & avec la lettre.

446 Cinq Portraits divers de Femmes, par Watson, &c. dont la Reine de Danemark, &c. des premieres épreuves.

447 Quatre sujets, de Jeux d'Enfants, par Earlom, Dickynson, &c.

448 Quatre moyens sujets en hauteur, dont la Fille au Chat, avant la lettre; les Avares avant & avec la lettre, &c.

449 Sept petites Saintes Familles, & Portraits divers, par Earlom, &c.

450 Dix autres petits sujets, d'après Teniers & autres, dont la Peseuse d'or, &c.

451 Dix-huit Têtes d'Hommes & Femmes, par Watson, &c.

FIN.

Lu & approuvé le 24 Avril 1777. Cochin.

Vû l'Approbation, permis d'imprimer & distribuer ce 25 Avril 1777. Le Noir.

De l'Imprimerie de Prault, Imprimeur du Roi, Quai de Gêvres.

www.ingramcontent.com/pod-product-compliance
Ingram Content Group UK Ltd.
Pitfield, Milton Keynes, MK11 3LW, UK
UKHW020959220726
13924UKWH00002B/776